O conto da Múchia Dourada / The story of the Golden Muchia

Eugénia Andrade

Illustrations by Eugénia Andrade

English version edited by Sue Smith and Emke Rodrigues

Design: OGAM

AUTHORHOUSE

AuthorHouse™ UK
1663 Liberty Drive
Bloomington, IN 47403 USA
www.authorhouse.co.uk
Phone: 0800.197.4150

Published by AuthorHouse 10/29/2016

ISBN: 978-1-5246-6399-5 (sc)
978-1-5246-6400-8 (e)

Print information available on the last page.

This book is printed on acid-free paper.

authorHOUSE®

Dedico este livro ao Mário, ao Tiago, às crianças e aos que as trazem no coração.

I dedicate this book to Mário, Tiago, to all children and to all who carry them in their hearts.

Era uma vez uma flor...

A Múchia Dourada é uma flor única no mundo, de um amarelo cor de ouro, de folhas verdes, carnudas e luzidias. Floresce na Ilha da Madeira, normalmente entre o mês de Julho e o mês de Setembro.

Vive de modo discreto nas escarpas rochosas, quase negras, à beira do oceano, no interior da ilha ou nas ilhas Desertas, ali ao lado. Esconde-se, por vezes, no meio de outras plantas de maior porte para poder crescer sem que a vejam.

Once upon a time there was a flower...

The Golden Muchia is a unique flower, gold-like yellow with green, fleshy and shiny leaves. It flowers on the island of Madeira, normally between July and September.

It grows discreetly on the steep and dark rocky slopes, near the ocean, further inland and on the Desertas Islands close by. Sometimes it conceals itself among the bigger plants so that it can grow without being noticed.

É sensível e muito rara. E é também a minha irmã.

She is sensitive and very rare. She is also my sister.

A minha irmã tem uma maneira de pensar especial e conta-nos sempre histórias interessantes. É amada por todos, mesmo aqueles que pertencem a outros reinos e a outros mundos.

Ela fala-nos de coisas fantásticas que, muitas vezes, não são entendidas pela maioria das plantas que a rodeiam ou pelos seres que vêm de longe para a ouvir. Todos a respeitam, no entanto, porque é assim que acontece na Natureza.

Certo dia, recebeu a visita de um Pombo-da-rocha, de plumagem acinzentada, de patas vermelhas e de bico preto. Ao pousar perto dela, o Pombo levantou um pouco de poeira com o bater frenético das suas asas.

My sister has a special way of thinking and she always tells us interesting stories. She is loved by everyone, even those who belong to other kingdoms and other worlds.

She tells us amazing things that often aren't understood by most of the plants around or by other beings that come from far away to listen to her. Every single being respects her because that's the way Nature is.

One day, a rock Pigeon with greyish plumage, red feet and a black beak came to see her. When he landed nearby, he lifted some dust with the frantic beating of his wings.

Passou por entre algumas ervas e foi descansar o seu corpo volumoso num pequeno buraco esculpido pelo vento e pela chuva. Depois, disse à minha irmã:

— Olá, vim assim que pude!

— Ainda bem! É sinal que gostas de aprender — respondeu.

— Quantos virão ouvir o meu conto? — perguntou interessada.

— Não te preocupes! Os suficientes — disse o Pombo.

— E de que vais falar desta vez? — perguntou curioso.

— Não sei bem. Talvez sobre mundos que não se veem ou sobre os Raios Mágicos — adiantou a Múchia. — Acho que chegou a hora.

The Pigeon passed through some grasses and rested his massive body in a small hole carved by the wind and rain. He then said to my sister:

— Hello! I came as soon as I could!

— Good! It means you like to learn — she answered.

— How many will come to hear my story? — she asked with interest.

— Don't worry! There will be enough — the Pigeon said.

— What are you going to talk about, this time? — he asked curiously.

— I don't quite know. Maybe about worlds that we're unable to see or maybe about the Magical Rays — Muchia said. — I think it´s about time.

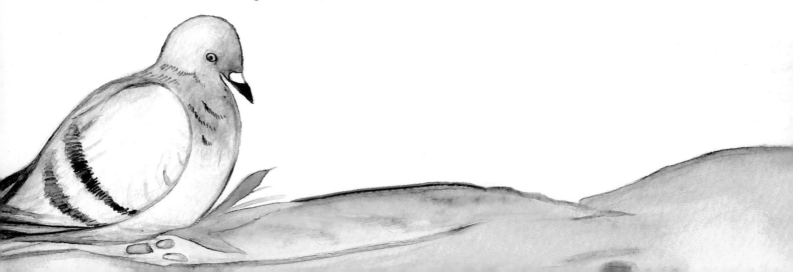

— Raios? Vais falar de tempestades? — indagou o Pombo incrédulo.

— Não — exclamou logo a minha irmã. — Vou falar de uns raios especiais: os Sete Raios Mágicos.

— Sete Raios — repetiu o Pombo para si próprio para perceber melhor. — Bom, seja como for, cá estarei — afirmou confiante.

— Ótimo! Encontramo-nos aqui como de costume — confirmou a Múchia.

— Até lá então! — despediu-se o Pombo, lançando-se sobre a escarpa escura que saía do mar.

— Rays? Are you going to talk about lightning? — the unconvinced Pigeon asked.

— No — my sister cried out, immediately — I'll talk about some special rays: the Seven Magical Rays.

— Seven Rays — the Pigeon repeated to himself so he could understand it better. — Well, I'll be here anyway — he assured her.

— Great! I'll meet you here as usual — Muchia confirmed.

— See you then! — the Pigeon said launching himself towards the dark cliff rising up from the sea.

Foi uma conversa breve e precisa. Aqui não se desperdiça tempo com conversas desnecessárias. Por vezes, ficamos horas em silêncio porque é assim que se alimenta a inteligência. É no silêncio que se conseguem entender as coisas.

O Verão tinha chegado há já algum tempo e, como de costume durante a nossa época de floração, organizámos encontros para partilhar a sabedoria uns com os outros.

Reunimo-nos, geralmente, ao entardecer. Os participantes vêm de todo o lado para trocar impressões sobre o que se passa na ilha, no planeta e no Universo.

It was a brief and precise talk. Here we don't waste time with unnecessary conversations. Sometimes, we remain silent for hours because that's how we feed intelligence. It is in silence that we understand things better.

Summer had arrived a while ago, and as usual, during our flowering season, we organised meetings to share knowledge with each other.

Normally, we meet at dusk. Participants come from everywhere to exchange their point of view on what is happening on the island, on the planet and in the Universe.

Chegam apressados os que sabem, os que se interessam e até os curiosos.

They all rush in, those who know, those who are interested and even those who are simply curious.

Estes últimos, embora não percebam nada do assunto, ficam ali, em silêncio, para deixar crescer a inteligência. No fundo sabem que, de tanto ouvir falar daquelas coisas, acabarão por entendê-las um dia. Só o facto de as escutarem em silêncio é já um sinal de sabedoria.

Mas o que é a sabedoria? Pareceu-me ouvir alguém perguntar desse lado.

E eu digo-vos que é tudo o que se aprendeu, que vem bem lá do fundo do nosso ser e que se transmite com muito amor.

The curious ones, although they don't understand anything, remain there, in silence, to allow their intelligence to grow. Deep down, they know that from hearing those things all the time, they will eventually understand them. The fact they are listening to them in silence is already a sign of wisdom.

But what is wisdom? I think I hear someone asking from that side.

And I tell you that it is everything that has been learned, which rises from deep inside and is passed on with love.

Certa vez, num daqueles encontros, ouvi uma erva dizer a um Ensaião:

— Não percebo nada do que ela está a falar.

— Não te preocupes — respondeu-lhe baixinho. — Ouve com atenção pois, um dia, quando tudo fizer sentido, lembrar-te-ás destes assuntos e, então, não precisarás de aprender porque já sabes.

Once, during one of those meetings, I heard a herb saying to a Houseleek:

— I don't understand what she's talking about.

— Don't worry — the Houseleek replied softly. — But do listen carefully because one day, when everything makes sense, you will remember these talks and then you won't need to learn because you already know them.

O Ensaião é, também, uma planta natural desta ilha. É carnuda e tem folhas verdes que, por vezes, se tingem de vermelho formando uma roseta. Lá pelos meados de Junho, Agosto, solta lindas flores amarelas. Somos muito amigos.

The Houseleek is also a native plant of this island. It's fleshy and has green leaves that sometimes turn red, forming a rosette. By mid-June to August, it releases beautiful yellow flowers. We are also good friends.

Nestes encontros aprende-se muito, sobretudo coisas de mundos que eu ainda não conheço.

Naquela tarde já o sol laranja desaparecia devagarinho na linha do horizonte quando a minha irmã começou a falar de um assunto muito estranho.

— Se ela nos fala disto é porque deve ser importante — pensei.

— Este conto tem a ver com aquilo que não vemos mas que existe — começou a Múchia. — Digamos que fala de um Sol especial, parecido com o que brilha no céu, só que vive dentro de nós. Ele também solta Raios que transformam tudo e todos.

During these meetings we learn a lot, especially about worlds that I still don't know.

Late that afternoon, when the orange sun was slowly disappearing on the horizon, my sister started talking about a very strange subject.

— If she's talking about this, it's because it must be important — I thought.

— This story has to do with everything we don't see but really does exist — Muchia began. — Let's say it's about a special Sun, like the one shining in the sky, but living within us. It also releases Rays that change everything and everyone.

Vamos imaginá-lo dentro do nosso coração.

Let us imagine it in our hearts.

Naquele momento, um vento fresco começou a soprar distorcendo a voz da minha irmã. Mas ainda se conseguiu ouvir dizer que os tais Raios são a personalidade, ou seja, a maneira de ser de cada um de nós. São todos importantes e nunca devem estar separados.

Parece que os seres humanos são particularmente influenciados por eles. Ao ouvir a palavra 'humano', uma ave de peito amarelo e de plumagem escura no dorso segredou ao ouvido da minha vizinha: — Então é uma história sobre os humanos!

— De certa forma sim. Vivemos no mesmo planeta. Por isso, é natural que também se fale deles — retorquiu baixinho para não interromper a Múchia.

— Claro! É importante aprender a conhecê-los e entender as suas atitudes — sussurrou o Pombo.

At that moment, a cool breeze began to blow, distorting my sister's voice. But I still managed to hear that such rays are the personality or the way we are.They are all important and should never be separated.

It seams that human beings are particularly influenced by them. When a bird of yellow breast and dark plumage on its back, heard the word 'human', it whispered to my neighbour's ear: — So it's a story about humans!

— In a way, yes. We live on the same planet. So, it's natural that we also speak about them — he replied quietly so as not to interrupt Muchia.

— Of course! It's important to learn how to know them and understand their attitudes — the Pigeon whispered.

Pelo que percebi, esses Raios penetram no coração dos seres humanos e depois voltam a sair através das suas ações. Isto é muito interessante. Por isso é que os humanos são diferentes uns dos outros. Surgem, então, pessoas fortes e determinadas, outras mais organizadas e, ainda outras, sensíveis e justas.

— São Raios que por magia dizem como é o Homem e partem todos do tal Sol especial — confirmou o Pombo.

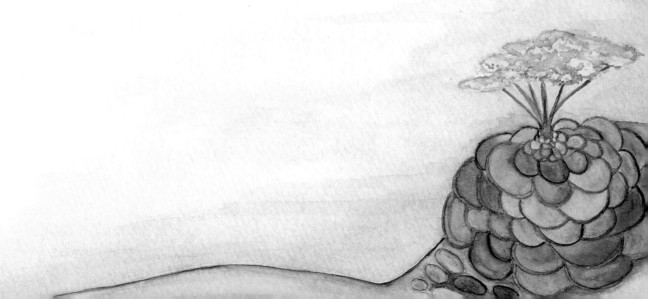

As far as I understood, these Rays penetrate the humans' hearts and then come out through their actions. This is very interesting. That's why humans are different from each other. This produces strong and determined people, some more organised and others sensitive and fair.

— They are Rays that by magic say how Man is and they all come out from that special Sun — the Pigeon confirmed.

— O Primeiro Raio tem a ver com o Poder. Este Poder é como se fosse um vento forte que nos empurra sempre para a frente. Quando esse poder chega ao coração das pessoas, oferece-lhes confiança e já não há nada a temer — explicou a Múchia.

Imaginei, então, um comboio daqueles antigos que se moviam a carvão. O carvão a arder na fornalha do vagão das máquinas fazia-o andar. O Poder dá-nos, portanto, a Força e a Vontade para dar um passo em frente.

Quando a Múchia acabou de falar sobre este Raio já o vento se tinha calado e quase toda a Natureza tinha parado para ouvi-la com atenção.

— The First Ray has to do with Power. This Power is like a strong wind that always pushes us forward. When this power gets to the heart of people it gives them confidence and there's nothing to fear any longer — Muchia explained.

Then, I imagined an ancient steam train. The coal burning in the furnace wagon moved it forward. So, the Power gives us Strength and the Will to take that step forward.

When Muchia finished talking about this Ray, the wind was already silent and almost all Nature had stopped to listen to her attentively.

Depois foi a vez do Segundo Raio. Este pareceu-me essencial. É sobre o Amor e a Sabedoria.

É o Amor que atravessa os corações e que depois salta para chegar a toda a gente. Um coração com Amor fica cheio de Sabedoria e, por isso, sabe sempre o que fazer. Começa por ensinar a senti-lo e depois a partilhá-lo.

— Quando se conhece este sentimento importante, o primeiro passo é oferecê-lo, doá-lo, para que todos também possam senti-lo. É um Raio que se expande como o fogo de artifício que rebenta no céu — explicou a Múchia.

— E, ao mesmo tempo, este Raio Mágico ensina-nos a amar — adiantou o Pombo-da-rocha.

— Exatamente — concordou a Múchia. — Mas é preciso ir buscar um pouco do tal Poder do Primeiro Raio para podermos fazer essa tarefa. Sem o Poder, não há Vontade nem Força para fazer o que quer que seja.

Then came the Second Ray. It seemed to me quite essential. It's all about Love and Wisdom.

That's the Love which runs through the heart and then jumps out to reach everyone. A heart with Love is full of Wisdom, therefore it always knows what to do. It begins to teach how to feel love and then how to share it.

— When we know this important feeling, the first step is to offer it, so that everyone can feel it as well. It's a Ray that expands itself like the firework exploding in the sky — Muchia explained.

— And at the same time, this Magical Ray teaches us to love — said the rock Pigeon.

— Exactly — Muchia agreed. — But you need to get some power of the First Ray to be able to fulfill this task. Without Power, there is neither Will nor Strength to do whatever you need to get done.

— E o Terceiro Raio? — perguntou a Lavandeira de peito amarelo, a abanar constantemente a cauda.

— Este Raio precisa dos dois de que já falei e de mais uma coisa. Precisa da Inteligência para ganhar forma. Imaginemos um aquário: o Poder é o peixinho, o Amor a água e o aquário a Inteligência.

— Portanto, se bem percebi, a Inteligência sozinha não é suficiente — constatou a Lavandeira.

— Ora aí está! De nada nos serve sermos inteligentes sem termos Amor. Isso é estarmos sempre convencidos de que sabemos tudo.

— And what about the Third Ray? — the yellow-chest Wagtail asked, shaking her tail constantly.

— This Magical Ray needs both of which I have already spoken and one other thing. It needs Intelligence, to take shape. Imagine an aquarium: the Power is the little fish, Love is the water and the aquarium is the Intelligence.

— So, if I have understood correctly, just Intelligence is not enough — the wagtail realized.

— That's right! There's no point in being intelligent without having Love. It's like always being convinced that we know everything.

Cá entre nós, não há dúvida de que o Terceiro Raio comanda muita coisa. Dali partem o Quarto, o Quinto, o Sexto e o Sétimo Raio. Se o Terceiro Raio fosse uma árvore, o Quarto seria o ramo, o Quinto as folhas, o Sexto as flores e o Sétimo os frutos.

Just between you and me, there is no doubt that the Third Ray is in charge of many things. From there, runs the Fourth, the Fifth, the Sixth and the Seventh Ray. If the Third Ray was a tree, the Fourth would be the branch, the Fifth would be the leaves, the Sixth would be the flowers and Seventh, the fruits.

Agora vou falar-vos do outro Raio Mágico. Lembro-me de a Múchia dizer que o Quarto Raio é a Harmonia e a Pureza. É a doçura que se espalha e semeia a esperança.

Há muitas crianças com esta qualidade. Não se sentem nada bem em ambientes onde reina a desordem e todos os tipos de sujidade. Ficam muito perturbadas. É nesta altura que a harmonia é importante para que a tristeza não se instale nelas. Uma criança triste tornar-se-á um adulto sem amor e, portanto, um adulto agressivo.

— É a energia de tudo o que é Belo. Mostra a pureza que há nas coisas. Aqui entra, também, a arte, a dança, a música, a cor e o amor pelos animais — disse a Múchia.

Now, I will talk about the other Magical Ray. I remember Muchia saying that the Fourth Ray is Harmony and Purity. It is the sweetness that spreads itself and sows hope.

There are many children with this quality. They do not feel well at all, in environments where disorder and all kinds of misery reign. It disturbs them. This is the moment where harmony is important so that sadness does not take over. A sad child will become an adult without love and therefore, an aggressive adult.

— It's the energy of everything that is Beautiful. It shows the purity in things. This also includes art, dance, music, colour and the love for animals — Muchia said.

— É o canto das águas e do vento. É a cor da terra e das flores. É a harmonia que vemos na Natureza — continuou o Pombo, inspirado.

— It is the song of the water and the wind. It is the colour of the earth and the flowers. It is the harmony we see in Nature — the Pigeon continued, inspired.

O que a minha irmã disse sobre o Quinto Raio Mágico também me surpreendeu. É um Raio mais científico. Quem diria?

Ele traz-nos a Concentração, ou seja, não nos deixa olhar para várias coisas ao mesmo tempo, mas para uma só de cada vez. É desta maneira que se descobre a verdade mais depressa. É como construir um muro onde se coloca um tijolo a seguir ao outro.

— Quando se une o Poder, o Amor, a Sabedoria, a Inteligência, a Ciência, a Harmonia e a Pureza, lembramo-nos de alguém especial. É mais do que um cientista. É um Mestre que tudo sabe! — opinou a Múchia.

— Mas, pelo que tenho visto, não há nenhum humano assim — comentou a ervinha de cor de palha.

What my sister said about the Fifth Magical Ray also surprised me. It's a more scientific Ray. Who could say?

It brings us the Concentration. It doesn't let us look at several things at once, but one at a time. This is how we discover the truth quickly. It's like building a wall where a brick is placed one on top of the other.

— When we join Power, Love, Wisdom, Intelligence, Science, Harmony and Purity, it reminds us of someone special. It's more than a scientist. It is a Master who knows everything! — suggested Muchia.

— But from what I've seen, there is no human like that — remarked the straw-coloured little herb.

— Mas eu conheço, ou melhor, já ouvi falar de um — disse entredentes o Ensaião. — Dizem que viveu neste planeta há dois mil anos atrás e veio falar de Amor.

— But I know, or rather, I've heard about one — the Houseleek said through his teeth. — They say that he lived on this planet two thousand years ago and came to speak about Love.

— Depois vem o Sexto Raio, o da Lealdade e da Devoção — prosseguiu a Múchia, sem se ter dado conta do que estavam a falar.

Na verdade, o que a minha irmã disse sobre ele também me deixou admirada. É que a Lealdade tem de acompanhar-nos sempre. Quem é que não gostaria de ouvir alguém dizer: "não tenhas medo, podes contar sempre comigo!" Isso dá-nos confiança e enche-nos de devoção. E o que é a Devoção? É dedicar-se a qualquer coisa com o coração.

Via-se, claramente, que o Pombo-da-rocha percebia do assunto porque adiantou que este Raio também trazia a Paz e o Perdão. Chegou mesmo a dizer:

— São bocadinhos de Deus, do Universo, que vêm ter connosco!

— Then comes the Sixth Ray, the Loyalty and Devotion — Muchia continued without realizing what they were talking about. In fact, what my sister told also left me astonished. Loyalty must be always with us. Who wouldn't want to hear someone saying, "Do not be afraid, you can always count on me!" It gives us confidence and fills us with Devotion. And what is Devotion? Devotion is to dedicate yourself to something, from the heart.

One could clearly see that the rock Pigeon was quite aware of that fact because he said that this Ray would also bring Peace and Forgiveness. He even said:

— They are small pieces of God, of the Universe, that come to us!

Já era quase noite quando chegou a vez do Sétimo Raio. Nessa altura, a minha irmã falou de Liberdade.

Toda a gente sabe mais ou menos o que é a Liberdade. Porém, aquela a que a minha irmã se referiu era ainda mais especial. É que a verdadeira Liberdade só aparece quando alguém está cheio de todos estes bocadinhos do Universo. Conhecê-la é uma recompensa por termos sabido recebê-los e usá-los.

— A Liberdade de que vos falo também tem a ver com o livrar-se do medo — continuou a Múchia.

Sobre este assunto ela acrescentou que sem o medo e a ansiedade podemos fazer viagens para lá das nuvens ou até aos mundos atrás do Sol. Basta fecharmos os olhos e, em silêncio, procurarmos a Nave da Imaginação.

It was almost dark when the turn of the Seventh Ray was reached. At that time, my sister spoke about Freedom.

Everybody knows more or less what Freedom is. However, the one that my sister was talking about was even more special. The true Freedom only comes when someone is full of all those little bits of the Universe. To know it is a reward for receiving them and using them well.

— The Freedom that I'm speaking about also has to do with getting rid of fear — Muchia went on.

On this subject she added that without fear and anxiety we can make trips beyond the clouds or even as far as the worlds behind the Sun. We simply need to close our eyes and silently seek the Imagination Spaceship.

Neste momento, até as ondas que quebravam lá no fundo se estenderam, silenciosamente, pelas rochas e, ali, toda a Natureza se aquietou ainda mais, para perceber melhor. A ervinha cor de palha não se conteve e perguntou:

— E onde está essa Nave da Imaginação?
— Está dentro de nós — afirmou a minha irmã.
— E até onde pode ela ir? — indagou a erva visivelmente interessada.
— Vai até ao Reino da Perfeição, onde habitam seres lindos, com muita luz — explicou a Múchia.

At this time, even the waves breaking down below, spread themselves silently through the rocks, and there, Nature became even more quiet, so it could understand all this better. The straw-coloured little Grass could not hold back and asked:

— And where is that Imagination Spaceship?
— It is within us — said my sister.
— And how far can it go? — asked the visibly interested Grass.
— It goes as far as the Kingdom of Perfection which is the home of beautiful creatures, with lots of light — Muchia explained.

— E que devo fazer para ir nessa viagem? — questionou espantada.

— Primeiro, enchemo-nos dos tais bocadinhos que o Universo nos enviou e depois apanhamos a tal Nave, mas nem sempre é fácil.

— Há que ter paciência, não é? — interrompeu a Lavandeira irrequieta.

— And what should I do to go on this trip? — the Grass asked with surprise.

— First, we fill ourselves of such small pieces sent by the Universe and then we board that Spaceship, but it is not always easy.

— We must be patient, mustn't we? — the restless Wagtail interrupted.

A minha irmã não respondeu de propósito. Só lhe deu resposta mais tarde. É claro que toda a gente percebeu que sem paciência nada se consegue. Confesso que ainda não sei usá-la como deve ser mas sei também que nunca é tarde para aprender. Parece-me que vai valer a pena fazer essa viagem, não acham?

"E pode-se regressar quando se quiser?" Esta foi a pergunta que eu fiz à minha irmã. E ela respondeu-me:

— Claro, e quando voltamos trazemos mais luz dentro de nós.

Isto pareceu-me extraordinário.

Logo depois veio a noite. As primeiras estrelas começaram a aparecer e ainda se falava do Reino da Perfeição e dos Seres de Luz. Também estes devem ter escutado a história dos Sete Raios e depois, cheios de Vontade, de Amor, de Inteligência, Harmonia, Concentração e de Lealdade, partiram à procura do tesouro final: a Liberdade.

My sister didn't answer on purpose. She only answered later. Of course, everyone realized that without patience nothing is achieved. I confess that I still don't use it as I should but I also know that it is never too late to learn. It seems to me it will be worth doing this trip, don't you think?

"And can we return whenever we want?" This was the question I asked my sister. And she answered:

— Of course we can! And when we return we bring more light within us.

I found it extraordinary.

Soon after night fell. The first stars began to appear and we were still speaking about the Kingdom of Perfection and the Beings of Light. They too, must have heard the story of the Seven Rays and then, full of Will, Love, Intelligence, Harmony, Concentration and Loyalty, they set out in search of the ultimate treasure: Freedom.

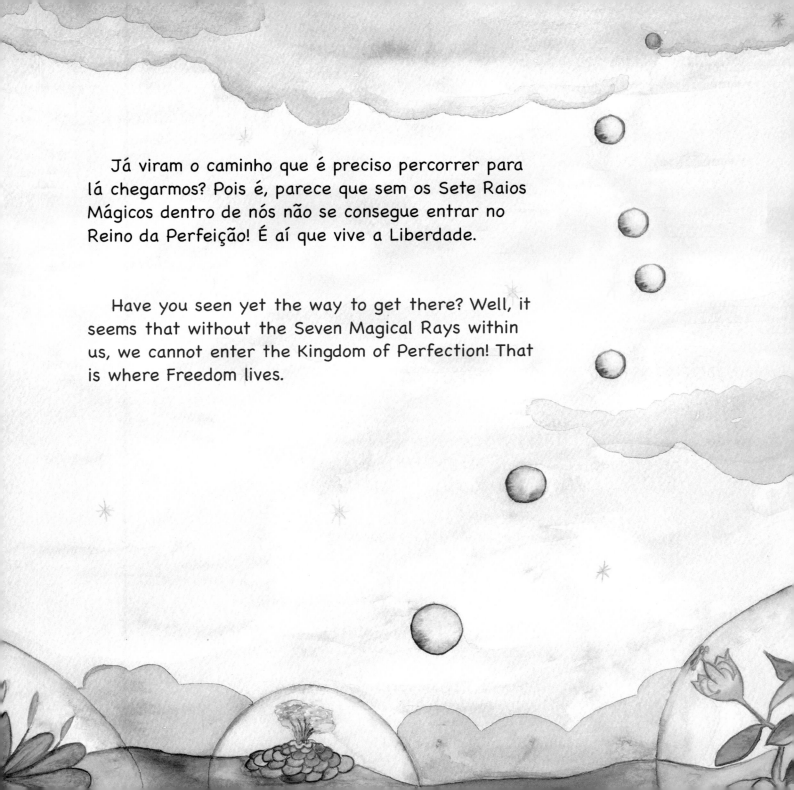

Já viram o caminho que é preciso percorrer para lá chegarmos? Pois é, parece que sem os Sete Raios Mágicos dentro de nós não se consegue entrar no Reino da Perfeição! É aí que vive a Liberdade.

Have you seen yet the way to get there? Well, it seems that without the Seven Magical Rays within us, we cannot enter the Kingdom of Perfection! That is where Freedom lives.

Um Raio Mágico sozinho desequilibra-se Por isso, é necessário pôr um bocadinho de cada um deles dentro de nós.

Não deve ser fácil, mas não devemos desanimar. Se quisermos, há Seres de Luz que vêm de lugares longínquos para nos dar uma ajuda, porque sabem como foi difícil chegarem lá.

Gostei de saber que estes Seres estão em todo o lado, apesar de não os vermos! Acho que já não vou voltar a sentir-me só.

Quando a Lua subiu no céu, apercebi-me de que o Pombo e a Lavandeira já se tinham ido embora. Deixaram-me ali, envolvida nos meus pensamentos enquanto olhava o mar lá no fundo. Cheguei à conclusão que gostaria de ser como a minha irmã. Então, decidi mudar a minha maneira de ser. Vou começar pelo Segundo Raio porque já tenho o Primeiro, a Vontade de mudar.

A single Magical Ray is unbalanced. Therefore, it is necessary to put a little of each one, within us. It should not be easy, but we must not be discouraged. If we want, there are Beings of Light coming from distant places to give us help, because they know how difficult it was to get there.

It was good to know that these Beings are everywhere, although we don't see them! I think I will never feel alone again.

When the moon rose in the sky, I noticed that the Pigeon and the Wagtail had gone. They left me there, wrapped in my thoughts while I was watching the sea down below. I came to a conclusion that I would like to be as my sister is. So, I decided to change my way of being. I'll start with the Second Ray because I already have the first one, the Will to change.

Afinal, não custa nada tentar. Vou deixar que esse bocadinho, que vem do Universo, cresça no meu coração.

After all, it costs nothing to try. I will let this little piece, coming from the Universe, grow in my heart.

E vocês? Por onde vão começar?

And you? Where will you start?